JN437983

쇠똥구리 人生

한두현 제09시집

쇠똥구리 人生

한 두 현 제09시집

을지출판공사

■ 시인의 말

쇠똥구리 人生

어릴 적
밥상머리에서 들려준

할아버지
쇠똥구리 인생 이야기

아침에
일어난 쇠똥구리 기세등등

오늘은
노루나 한 마리 잡아먹어야지

아무리 다녀도
노루가 보이지 않자 토끼나 한 마리

한낮이 되도록
토끼 구경도 할 수 없자 생쥐나 한 마리

어둑어둑해지도록
허탕만 치고 어슬렁어슬렁 자기 굴로 들어간다

어려선 놀랐지
조그만 벌레가 그리도 큰 꿈을 꾼다는 사실에

늙어선 다시 놀랐지
그 이야기가 쇠똥구리가 아닌 내 人生 이야기라

2023년 새해

각공서재에서

中里 한 두 현

Contents

차례

Contents

Contents

제 3 부 쇠똥구리 人生 삶

Contents

Contents

제 1 부

꿈이 욕이 되는 나라

邦

낙엽의 독백

아 좋다
자유가 이리도 좋은 걸

진작
집착을 버릴 걸 그랬지

그래도
우리는 양반이야 양반

요즘 인간
행태를 보면 말이 안 나와

특히
정치랍시고 하는 놈들 보면

상놈도
못 되는 천민 중에서도 천민

하기야
정치인만 욕할 건 아니지 아니야

국민 수준이
낮아 저들을 뽑아 주었으니 말이지

이런 나라에서
계속 살아가야 하나 고민 고민 중이야

2020. 11. 26

불장난 즐기는 月이

불기라곤
씨가 마른 차디찬 月이

어쩌다
불을 만나니 홀딱 빠져

촛불로
정권 빼앗아 꿰차더니만

핵폭탄
놀이로 한참 재미 보고 나서

바이러스
폭탄을 끼고 쥐었다 폈다 즐기네

백신은 웬말
늦출 때까지 늦춰야지 아주 오래오래

2020. 12. 13

폭군 연산군도

폭군 연산군도

마차더러
말을 끌라고는 안 했다

폭군 연산군도

백성을
갈라치기해 싸움을 시키진 않았다

폭군 연산군도

전국의
집값을 천정부지로 올리진 않았다

폭군 연산군도

뒤통수치며

입엔 정의 공정을 달고 살진 않았다

2020. 12. 13

웬 선물 보따리

참 오랜만이군
연말 선물 보따리

밉상
추미애가 빚어 놓은 두 갠

하나는
조미연 열사가 보내고

다른 하나는
홍순욱 열사가 보내 주었지

밉상
정경심이 빚어 놓은 큰 보따린

임종엽 권성수 김선희
세 열사가 친절하게 보내 주었다네

다섯 열사가
힘들었던 한 해를 흥겹게 마무리해 주는구나

2020. 12. 29

2021년 신년사

이크
저걸 어쩐담

문통이
경제를 29번이나

지난해
17번 읊어 망치더니

올해는
엉망진창이 되겠구먼

집값 잡는다
24번에 58% 인상시켰으니

무능하면
가만히 있는 게 잘하는 건데

2021. 1. 12

꼬마의 수수께끼 1

뭘까
뭘까 참 이상해

경찰이
찾아내지 못하는 걸

검찰은
쉽게 찾아내는 이유를

이용구 차관
택시기사 폭행 사건 동영상

아 아 아
생각났다 바로 그거야 그거

경찰의 시력이
검찰의 시력보다 나빠서 그런 거구나

경찰을 채용할 땐
시력 1.2만 뽑으면 완전 해결날 일인데

2021. 1. 26

꿈이 욕이 되는 나라

꼬마A : 넌 꿈이 뭐야?
꼬마B : 대통령

꼬마A : 너 웃으며 뒤통수 잘 칠 수 있어?
꼬마B : 난 못해

꼬마A : 내편 네편 갈라 싸움 잘할 수 있어?
꼬마B : 난 못해

꼬마A : 너 말과 행동을 180도 달리 할 수 있어?
꼬마B : 난 못해

꼬마A : 그러면서 무슨 대통령 꿈
꼬마B : 그럼 대법원장 해야지

꼬마A : 너 거짓말 잘해?
꼬마B : 거짓말하면 아빠한테 혼나

꼬마A : 넌 뉴스도 안 보니?
김명수 대법원장 거짓말 잘하는 걸

거짓말도 못 하면서 무슨 대법원장 꿈
너 그런 나쁜 꿈 꾸면 너하고 안 놀 거야

꼬마B : 이제 나쁜 꿈 다 버릴 테니까 같이 놀아 줘라

2021. 2. 5

펜이 우는 정치평론

저놈들
거짓말 거짓말쟁이라 쓰면

뭐 새삼스레
우리도 다 아는 걸 가지고서리

저놈들
사기꾼 사기꾼놈이라 쓰면

뭐 새삼스레
우리도 다 아는 걸 가지고서리

저놈들
조직 깡패 깡패놈이라 쓰면

뭐 새삼스레
우리도 다 아는 걸 가지고서리

저놈들
나라 팔아먹을 놈이라 쓰면

뭐 새삼스레
우리도 다 아는 걸 가지고서리

쓸 게 없어 밥 굶게 생겼으니
어쩌지 MB 박정권 때도 안 그랬는데

2021. 2. 24

울음바다 3 · 1절

펑 펑 펑
하늘이 운다

엉 엉 엉
순국선열이 운다

정의가 운다

공정이 운다

평등이 운다

균등이 운다

자유가 운다

정직이 운다

양심이 운다

염치가 운다

서민이 운다

취업자가 운다

나라 곡간이 운다

대한민국이 운다

웃는 건 딱 하나 180석 독재정권

2021. 3 · 1절 날
캄캄한 새벽 퍼붓는 빗속을 운전 출근하며

연산군 묘의 웃음소리

방학동에서
우이동 넘어가는 길

왼편 산
중턱에 있는 연산군묘

요즘 밤마다
왁자지껄 큰 웃음소리

알고 보니
연산군 최악을 면한 기쁨

짐보다
더 악질 녀석이 나왔다니

이보다
더한 뿌듯함이 어디 있으랴

간신 임사홍
충신 김처선 다 불러들여 떠들어 댄다

김처선 아뢴다
전하가 가장 나쁠 줄 알고 너무 했나이다

짐도 몰랐거늘 경이 어찌
짐보다 더 나쁜 녀석이 나올 줄 알았으리오

※5년차 내로남불 月이정권
2021. 4. 28

이상한 마을 이야기

외계인 이야기가 아닌

지구촌 작은 마을 실화

어찌나 개를 위하는지

인간은 라면을 먹으며

개엔 비싼 고기를 주는

거기까진 그래도 괜찮아

月이란 개가 꼬릴 살랑살랑

인간들 홀딱 반해 4년 전

개를 마을 이장으로 선출한 게야

그러니 하는 일마다 개판 개판 개판

인간들 망각증세가 얼마나 심하면

매일같이 왜 저렇게밖에 못해 하며

울화통이 터져 난리법석을 떨어댄다

아니 사람도 아닌 개가 그 정도면 됐지

어떻게 더 잘하길 바라나 이상한 인간 같으니

이러다간 애완견 마을이 보신탕 마을이 될까 걱정

2021. 5. 12

곰에 달려드는 살모사

조카가
흉악 살인범 살모사

아무리
맹독을 지녔다 해도

곰에
달려드는 건 무리지

웅녀의
자손 5천만 관중 보는데

더구나
올해는 곰 친구 호랑이해

곰탱이가
발 헛디뎌 벼랑에 떨어지지 않는 한

이기리라
곰이 살모사를 손으로 잡아 빙빙 휘둘러

2022. 1. 30

난생처음 웬 날밤이람

아무리
공부가 부족해도

학창 시절
시험 준비하느라

날밤
한 번 새운 일 없는데

얼마나
간절했길래 꼬박 뜬눈

합격했으니
망정이지 불합격이었다면

아마도
생병이 났으리 저들 불쌍해

밥을 달라나
집을 달라나 세금 깎아 달라나

국방 튼튼
퍼주는 포퓰리즘 정권만 아니라면

어느 정권인들
상관하지 않는데 그것마저 간단치 않네

2022. 3. 10

흉악살인 DNA

흉악살인
아무나 할 수 있는 게 아니야

우리 주변
일가친척 동문 이곳저곳 둘러보라

아무리
찾은들 사람을 죽인 이를 찾기 힘들어

더더욱
결혼 반대한다고 모녀를 37번이나 찌른

누구도
상상하기 힘든 범행이란 아무나 할 수 없지

분명히
여기엔 살인 DNA가 있지 않고서는 불가능

양심 있고
상식이 있는 사람이라면 흉악살인범의 외삼촌이

대통령 후보는커녕
아무리 능력 있다 해도 반장 후보도 말아야 하는데

아무렇지도 않은 듯
대통령 출마를 했다는 게 흉악살인 DNA를 가진 증
거라네

2022. 3. 14

양반 대통령 참 오랜만

정치가
4류이다 보니

양반이
발 들여놓을 틈 없어

양반 대통령
좀처럼 만나기 어려운데

어쩌다
정치 초년생 양반이 뽑혔네

종자야
단군 할아버지 한 자손이라

양반 상놈
어디 있으랴만 행동이 달라

양반은
열 명 중 한 명이 상것 질 한다면

상놈은
열 명이면 한 명 정도만 양반 질이라

더도 덜도 말고
염치를 알기만 해도 정치판이 3류로 격상하리

2022. 3. 21

통쾌한 통의동의 강펀치

평화
종전선언만 부르짖고

미사일 쏴도
NSC 참석 안 하다가

방사포에
웬 NSC 개최 위기상황

아무리
지가 못한 거 하는 거

눈꼴시겠지만
양반이라면 염치 차리느라

못할 몽니
부리는 걸 보니 불상 것 분명

개 꼬리
삼 년 묵혀도 황모 못 된다더니

지는 청와대
어찌 뜨는 통의동 꺾으러 헛발질

통쾌 통쾌
통의동의 강펀치에 비틀비틀 청와대

※문재인 용산집무실 브레이크 거니
윤석열 통의동에서 시작한단다.

2022. 3. 22

제 2 부

인간 만드는 무릎 위 교육

會

도떼기시장

웬 사람
이리도 많은가

세상에
발길 뗄 수 없으니

난생처음
아내 설 대목장 본다기에

수유전통시장
따라갔다가 수백 명 부딪쳐

옷깃 한 번만 스쳐도
오백 생 인연이라 수수만의 인연

만남이라선지
밀고 밀리는 기분 오히려 흐뭇해

아마도 아마도
우리 전통문화 설 차례 이어진다는 게

더욱 더더욱
기분 Up 시켜 콧노래까지 불렀나 보다

2022. 1. 31

열여섯 번째 딸의 시집

하마터면
혼삿길 막힐 뻔

2017년
조국 사태 때 태어나

주요 혼수가
조국 정경심 조민이라

만일
정경심 죄가 작았다면

시집
못 갈 뻔했는데 아주 다행히

임정엽林正燁
부장판사 덕분에 시집간다네

권력 잡은 것들
푹푹 썩어 문드러져도 아직

사법부에
인물이 남아 있어 살 만한 세상

2020. 12. 26

이름도 모르고서야

이름도
모르면서 어찌 안다 하리

이름을
모른다면 반도 알지 못하는 것

처음 만나
인사를 하면 이름부터 나눈다

가능하면
성의 본관 부모 고향까지 묻고

더 가까워지려면
누구 자손인지 알아야 직성이 풀린다

말하자면
그 사람의 뿌리를 알아내려는 행동이지

오랜만에

만날 때 이름을 불러주면 깜짝 놀라는 건 당연

새 얼굴에

이름과 뿌리 및 환경을 덧붙이면 윤곽이 드러나기

때문이리

2021. 2. 22

템플스테이 홍보관

조계사 건너편
템플스테이 홍보관

자주 들렀지
일주일에 두세 번

토일렛
작은 게 목적이었지만

미안한 마음에
이것저것 두리번거리다

전시품 중
쓸 만한 게 있으면 샀지

언제부턴가
토일렛 통로 막아 놓고서리

큰길 건너
조계사 옥외화장실 사용하라

보시를
중요시하는 불교가 이리 인색

차라리
홍보관 간판 은폐관隱蔽館이라 바꾸던지

2021. 3. 9

현들의 모임 명명식

이보다
더 가까운 모임은 없다

챙긴 오랜 세월
안부 병문안 생일 명절

요즘
부모 자식도 하기 어려운

계속해 온
모임에 이름이 없어 지었지

80대 3명
70대 1명 이름 현鉉자로 끝나

현들의 모임
최연장자 男鉉회원 새집 방문 계기

둘레골 한정식 후
은평구 불광동에 마련한 아담한 집

서루서루
챙기고 응원하며 백세시대를 즐기리라

2021. 3. 21

머리카락에 시험당한 날

이걸 어쩐담

이제
막 먹기 시작했는데

머리카락
갈치조림에 붙어 있으니

한참 생각에
잠겼으나 묘수 떠오르지 않아

석가모니
부처님이라면 어찌했을까부터

사랑방에 온 손님
닭똥을 날알인 줄 입에 넣더니

뱉지 않고 우물우물
씹어 삼켰다는 할아버지 얘기까지

80 평생 살아오면서
이런 경우 바로 박차고 일어났는데

하는 수 없이
구역질나는 걸 억지로 다 먹고 나왔다

두 번 다시 못 가리라 10년 단골 순천집

2021. 5. 5

사람 몰고 다니는 손님

오늘은
부처님 오신 날

네 집은
문을 닫아걸었고

세 집은
조건이 맞지 않아

여덟 번째 집은
텅텅이라 망설이다

들어가
주문을 하니 이게 웬일

꾸역꾸역
먹고 나올 땐 만석이라

주인장 왈
손님을 몰고 다니시네요

젊어 한때는
종종 들었던 얘기니 얼마나 기쁜지

부처님 오신 날
코로나로 힘든 식당에 보시한 기분

2021. 5. 19

강아지인지 부처인지

가끔
들르는 삼계탕집

강아지
걸식 나오면 떠들썩

여사장
주방장 홀서빙 몰려나와

마치 걸식 나온
석가모니 대하듯 극진히

어느 손님도
저 같은 환영 받지 못하는데

아마도
부처님이 강아지로 환생한 모양

식사 마치면
주방장 공손히 안고 산책 나가네

그런데
난 왜 자꾸 음식에 개털 걱정이 될까

2022. 2. 27

인간 만드는 무릎 위 교육

나의 삶
엄마 무릎 위 교육대로다

취학 전
철이 다 나 영감 소리 들으며

해방 전
공산당도 없던 시절 반공교육까지

남에 맡기어
이룰 수 없는 최상의 가르침 엄마만이

인격 형성
사람에 따라 다르지만 난 99% 그 시기

유아기
제대로 만들어 놓으면 자식 걱정 없어져

전업주부
열심히 공부하고 노력하여 프로부모 되시구려

몇 년 고생하면
무럭무럭 잘 자라 자립하는 자식 효도 받으리

2021. 12. 16

꿈에도 안 해 본 도박

말
배우던 유년기부터

도박이
얼마나 나쁜지 알아

수많은
망한 집을 보며 결심

난
꿈속에서도 안 해 본 도박

대통령 후보
이재명 장남 상습도박자라니

나처럼
무릎 위 교육받았더라면 어찌

프로부모
교육의 중요성 증명해 주는구나

자식
낳아 기르는 햇병아리 부모들이여

주저 말고
어서어서 프로부모 되어 잘 기르시라

2021. 12. 17

죽음의 길 아편중독

왜정 말기
마약이라곤 아편뿐인 시대

엄마
무릎 위에서 철저하게 배운

아편중독의 참상
계속 먹지 않으면 덜덜덜덜

나중엔
삐쩍 말라 죽고 만다는 얘기

어린 나
평생 마약 근처도 안 갈 걸 다짐

요즘
심심치 않게 보도되는 뉴스를 보노라면

저들 부모가
유년기에 무얼 했기에 저 지경이 되었나

하루빨리
프로부모 교육을 전파해야겠다는 생각이 든다

2021. 12. 19

입에 담지 못할 쌍욕

쌍욕
아무나 하나

얼마나
유아교육이 엉망이었으면

대통령 후보가
형수한테 쌍욕을 해 댈 수가

어려서
욕 입에 담지 못하게 가르치셔

흑수저지만
누구에게 한 번도 한 일이 없네

그래서
엄마 무릎 위 교육이 필요한 게지

입 더러우면

본인뿐만 아니라 제 부모 욕 먹이는 꼴

2021. 12. 20

개 취급받는 술주정뱅이

밤이나
낮이나 곤드레 되어

길바닥에
눕고 버럭버럭 소리지르는

술주정뱅이
시골에서 흔히 볼 수 있어

멀쩡한 사람이
술만 취하면 개망나니 짓이라

결심했지
난 사회에 나가도 술 안 하기로

술 좋아하다 보면
돈 잃고 바람피우고 저 꼴 된다는

엄마의 교육
귀가 따갑게 듣다 보니 그리된 게지

대통령 후보가
음주운전 전과자 법무차관이 음주 운전자 폭행

프로부모들이여
술로 인한 패가망신 어릴 때 철저히 가르치시라

2021. 12. 22

훔치는 실수 미리미리 예방

유아기
훔치는 일 가끔 발생

부모는
도벽 아닐까 걱정 태산

아이는
두고두고 마음에 상처 남아

말귀
알아들을 때 미리미리 설명해

이런 일
일어나지 않도록 하는 게 상책

난 어릴 때
집안에 도벽이 있는 사람이 있어

엄마 무릎 위에서
도둑질해선 안 된다는 교육 잘 받았고

자식 넷도
미리미리 가르쳤더니 무난히 잘 넘어갔다

2021. 12. 24

거짓말 모르는 정직한 아이

입만
열면 거짓말

난무하는
정치권 보고 있노라면

자식 교육
잘못시킨 저 부모 눈에 선해

어릴 때
무릎 위 교육으로 가능한 정직

프로보모가
거짓말 모르는 아이로 만든다면

세상은
이것 하나만으로도 한결 살맛 나리

주위에
거짓말하다 문제 일으키는 사건 예를 들어

맏귀
알아들을 때부터 잘 설명해 가르치면 가능해

거짓말도
자꾸 하면 습관이 되므로 어릴 때 신경 써야

2021. 12. 27

절약 저축하는 검소한 아이

가난했던 할아버지
콩나물죽 3년으로 저축

부자였던 외할아버지
땅에 떨어진 낱알 입에

홀로 된 엄마
쌀 한 톨도 아끼는 모습

무릎 위 교육
받은 난 대단한 구두쇠

단돈 일 원도
주고받을 땐 맨손으로 취급

자식 넷
어려서부터 절약저축 습관 들여

캥거루나
기생충 되지 않고 자립해 잘 산다

돈이 많든 적든
낭비는 죄악 절약은 미덕이라 믿도록

쓰고 남는 돈
마땅히 사회에 환원해 1등 인간 돼야지

2021. 12. 29

제 3 부

쇠똥구리 人生

삶

쇠똥구리 인생

어릴 적
할아버지 이야기

불현듯
떠올라 쇠똥구리 인생

아침 일찍
노루 한 마리 잡아야지

점심때쯤
토끼나 한 마리 잡을 거야

저녁때 되어
생쥐나 한 마리 잡아먹어야지

어둑어둑해지자
고픈 배 잡고 어슬렁어슬렁 자기 굴로

비록 큰 꿈 이루지
못했지만 산과 들 미련 없이 달렸구려

굴에 들어앉아
기행문을 쓰든 시를 쓰든 산수화를 그리든

꿈이 아니라고
손 놓지 말고 남은 삶 알차게 꾸며 보시게나

※노벨상의 꿈, 대통령의 꿈, 프로부모 세상의 꿈마저 접으며

2022. 1. 8

꿈 품을 땐 꿈 잃을 땐

꿈 품을 땐
발이 부르트더니

꿈 잃을 땐
입술이 부르트더라

꿈 품을 땐
숨이 헉헉 차더니

꿈 잃을 땐
한숨이 쉬쉬 나오더라

꿈 품을 땐
며칠 굶어도 힘이 펄펄

꿈 잃을 땐
먹어도 맥이 탁 풀리더라

꿈 품을 땐
백 년 앞이 내다보이더니

꿈 잃을 땐
한 치 앞도 아지랑이 속이더라

2022. 1. 13

100세엔 100명의 복병

80세엔
80명의 복병

90세엔
90명의 복병

100세엔
100명의 복병이

호시탐탐
당신의 목숨을 노린다

힘은 주는데
복병은 늘어나는 상태

맞대결은
되도록 피하며 지혜로이

조심한다고
다 장수하는 건 아니지만

조심하지 않고
장수하는 사람은 없다네

명심 명심
하나에서 열까지 살얼음 밟듯

2021. 1. 13

종로 산책의 세 가지 즐거움

첫 번째 발이 즐겁다

폼페이
인도가 대리석이라면

종로
인도는 화강암으로 깔려

두 번째 눈이 즐겁다

젊고 발랄한
모델이 펼치는 패션쇼

수시로
변화하는 거리의 풍경

세 번째 마음이 즐겁다

탁 트인
너르디너른 길을 유유히

누구에게도
구속받지 않는 자유로움이 있기에

2020. 12. 20

일상日常이 행복

오늘은
아주아주 행복해

추운 날
밖에 나가 점심이라

지난
토요일 이후 처음으로

오한에
콧물이 수돗물 나오듯 해

약으로
멈추었지만 엄두를 못 내다가

마라탕
한 그릇 뚝딱 해치운 가벼운 발걸음

일상이던 게
오늘은 이리도 행복한지 알 수 없네

2021. 1. 6 수요일

오래 살고 볼 일

1920년
원숭이해에 태어난

김태길
안병욱 김형석 교수

훌륭한
철학자 수필가 교수지만

학문
제일은 서울대 김태길 교수

언변
제일은 숭실대 안병욱 교수

신앙
제일은 연세대 김형석 교수로

세 분이
살아생전에는 무녀리였던 분이

백 세를
넘기면서 먼저 가신 두 친구를

들었다 놓았다 하는
글을 읽고 있노라면 역시 오래 살고 볼 일

2021. 1. 16

친구야

친구 어흥선
언제고 갈 저승 무에 급해

먼저 간 부인
아무리 보고 싶어도 그렇지

선친이 수십 년
당뇨와 씨름하며 92세까지 사셔

자네도
그 이상은 살다 갈 줄 알았는데

자네와 난
대학 입학과 졸업이 같은 진짜 동창

1960년 4.19 날
자네 도가니 깨는 바람에 화를 냈지만

너 때문에
효자동 집 가는데 총격이 끝나 살았다 했지

오늘 문상은
아주 만족 제상 위 제물이며 현고학생 위패며

자네 부인 닮은 아들
자네 닮은 딸과 옛이야기 나누며 잔도 한잔 올렸지

두 살 많은 친구
잔 받고 절 받으니 좋던가 모쪼록 극락왕생하시게나

2021. 2. 9

설날의 질주

전생에

말 타고
초원을 달리는 유목민이었나

갑옷 입고
전쟁터를 누비는 장군이었나

일 년에
설날 추석 시제에 고속질주

고향 선산
120Km로 달려가는 게 좋아

환영만 하는
조상님들 부담 없어 가벼운 마음

아침 일찍
차사 모시고 운전대 올라타면 신바람

성묘 마치고
강천 쏘가리 매운탕 맛 비할 데 없으니

질주도 하고
효도도 하고 맛난 점심의 삼박자 어찌 잊으리

2021. 2. 19

2월에 간 세 명의 동기동창

이름도
모르는 동기동창이 아니다

얼굴도
모르는 동기동창도 아니다

부엌에
숟가락이 몇 개인지 아는 친구가

이달 들어
대학교 동기 고교 동기 초등교 동기 순으로

다행히
유치원은 다니지 않았으니 이제 끝이겠지

80이 넘어
갔으니 우리나라 남자 평균연령은 산 게지만

밥 한술 얻어먹으려
탑골공원 담벼락 따라 서 있는 노인들을 보고 있자면

너무 빨리 떠나
오고 있는 따스한 봄이라도 보고 떠났으면 좋았을 걸

2021. 2. 26

업그레이드한 이사 집

평생
셋방 8번 내 집 7번 이사

더욱
50년 살던 명당 팔고 가는

80 넘어 이사
이것저것 챙길 일도 많았지만

직접 설계한
리모델링에 요모조모 꾸민 갤러리

서재서 바라보는
백운대 인수봉 만경대 절경의 문필봉

거실서 바라보는
울창한 소나무숲에서 뿜어내는 산소

큰 인물에
백 세도 너끈히 살 명당 중의 명당이라

이 나이에
업그레이드한 이사 집 어리둥절할 정도

살아보세
살아봐 백세인들 천세인들 뉘라서 탓하리

2021. 3. 12

달거리가 된 패혈증

웬
패혈증이 달거리를 하나

지난해
7월 이후 두 달 빼고 매달

요리조리
따져봐도 원인은 오리무중

확실한 건 10년 전
패혈증으로 죽다 살아난 것뿐

이런들 저런들
어떠리 병을 알고 약을 아는데

어려서 하루거리
학질도 키니네 없이 견뎌냈는데

혹시 혹시
月이를 욕했더니 달거리가 된 게 아닌지

2021. 3. 17

날마다 돈화문 광장

잘 정비된
창덕궁 돈화문 광장

서울 촌놈
날이면 날마다 노닌다

반듯반듯한 화강암
너르디너른 인도 걷다 보면

정조 임금인들
다시 살아나 걷고 싶지 않으랴

상왕십리 태어나
왕십리 청량리 수유리에 살아온

서울 촌놈
어쩌다 늘그막에 오래 살아 호강을

어느 누구도
부럽지 않다 오래오래 살며 누리리라

2021. 4. 14

뚜껑 열린 손목시계

아유
깜짝이야

잘
모셔 놓은 손목시계

들자마자
뚜껑 열려 와르르

코로나 방콕
한 번 시키길 했나

말 안 듣는다
야단 한 번 치길 했나

두 갤 번갈아 차
질투를 유발시키길 했나

아무리
생각해도 이유를 알 수 없어

몇십 년
차다 보니 너도 싫증이 났나 보다

그러나 어쩌리
나는 네가 정이 들어 함께하고 싶은 걸

2021. 5. 3

껍치던 이빨에 혼쭐

내 이는
100% 자연치아야

소년기엔
칫솔 치약도 없어 소금

청년 장년기엔
건성건성 칫솔질하다 보니

스케일링해야
한다면 안 하는 게 더 좋다고

치과와는
담을 쌓고 살다가 중병 치른 후

부서진 이 때문에
치과를 드나들게 되었으나 늘 큰 소리

난 100살 살기도 힘들 텐데
이만 150살 견디면 무얼 하느냐고 껍쳤지

그렇게 튼튼하던 이가
반란을 일으켰지 뭐야 잇몸이 붓고 어찌나 아픈지

믿거라 껍치기만 해 왔는데
세상에 믿을 놈 하나도 없구나 하는 배신감 느껴

2021. 6. 10

말 안 듣는 녀석 딱 한 명

내겐
말 안 듣는 녀석 딱 한 명

누구도
내 명 거역하는 놈 없는데

거역할 녀석은
상댈 안 해 그렇기도 하지만

체중이란 녀석
상댈 안 할 수도 없는 한 몸이니

떼어버릴 수도
없어 매일같이 아웅다웅 다툰다

하루 두 끼만
먹기도 하고 양을 최소로 줄여도

아침 계량엔
예상외로 불합격 판정이라 어이할꼬

두 손 다 들고
생각을 바꾸련다 너야말로 충신이라고

네가 있어
내 교만해지지 않고 건강 챙길 수 있으니

2021. 7. 1

날 길러준 고향 집

똥오줌
못 가려 기저귀 차던

시절부터
초등학교 6학년 1 · 4후퇴까지

날 길러준
대문 헛간 부엌 안방 윗방 툇마루

밭 포함 천여 평의 대지 위에
봄이면 함박꽃 감 배 대추나무꽃

주위 산에선
꾀꼬리 소쩍새 빼꾸기 부엉이 울고

밤이면
늑대 울어대 뒷간에 가는 게 겁났다네

집은 얼마나 높은지
동향 툇마루에 앉아 있노라면 속이 후련

마치 산꼭대기
암자에 앉아 세상을 두루 살피는 듯한 기분

왜 내가
이런 좋은 집터를 팔았는지 다시 사 복원시키고 싶
어라

2021. 7. 15

대자연 공연장 어릴 적 고향 집

신식 악기라곤
하모니카도 없이

학교 풍금이
전부이던 시절에도

흉내도 내기 어려운
꾀꼬리가 한 곡조 뽑으면

이산 저산에서
뻐꾸기 뻐꾹뻐꾹 소쩍새 소쩍소쩍

이논 저논에서
개구리 개골개골 맹꽁이 맹꽁맹꽁

이숲 저숲에서
매미 쓰르라미 여치 다투어 노래하며

지지 않을세라
한 줄기 바람 세차게 나무 흔드는 소리도

참봉댁 도령
널찍한 툇마루에 앉아 목청껏 창가 불러 대니

요즘 밤낮없이
틀어대는 미스터 미스트롯보다 더 좋았다는 느낌

2021. 7. 18

하루걸러 파안대소

우산 하나
잃지 않는다 으스대다가

값비싼
보청기 잃어 찾고 또 찾았지만

날개 달려
어디로 날아간 듯 나오지 않아

반신반의로
카 센터에 들러 운전석 들어내니

요놈이 거기에
하 하 하 하 집에 가는 길 내내

내 지정석 몇 달씩
죽치고 있던 차 드디어 사라지니

나도 모르게
껄 껄 껄 껄 지하주차장 떠나가도록

2022. 1. 16

일이 있어 산다

돈 버는 일
35년 하고 은퇴하니

책 쓰는 일
조각하는 일
10 신조 만드는 일

시 쓰는 일
호랑이 수집하는 일
10여 년 몰두하고 나니

갑자기
저승 문턱 두 번씩이나

정신 번쩍 부랴부랴
수집한 호랑이 박물관 만들고
죽어 묻힐 무덤 만들고 비문 쓰고

아담한 정자 짓고
2,000평 연못 만들어 연꽃 심고
중리종친회 만들어 선산 증여 마쳤지

허가 난 프로부모재단
100년은커녕 살아생전도 어렵게 되니

청주 한씨 중의 한씨
노숲 한씨 못자리 터에 조형물 세우려 한다네

2022. 2. 8

제 4 부

청주한씨 중의한씨 노숲한씨 못자리 터

人

어쩌다 어른

며칠 전
먼촌 동생이 그러더란다

내가
집안에 가장 어른이라고

그래 시골 고향
가까운 일가를 더듬어보니

우리 참봉댁
병조판서 대감댁
인제 현감 인제댁
옥과 현감 옥과댁

하나하나
뒤져 봐도 내가 웃어른이라

어쩌다
여기까지 왔는지 어리벙벙

고향 하면
설 때 세배 다니던 추억이

머릿속 깊숙이
자리 잡고 있는데 아니 벌써

2020. 12. 8

타고난 효자 만들어진 효자

나는
타고난 효자가 아니다

아버지
중림공종친회 만들면서

돌 때 달랑
남겨진 아들이 아버지를 위해

중시조에
100여 억 원의 빌딩까지 출연한다니

아무리
평가절하한다 해도 만들어진 효자 분명

일찍
돌아가신 엄마 못 잊어 시 글 여기저기

무릎 위 가르침
너무너무 감동해 프로부모 꿈의 서원도

타고난 게 아닌
태어나 받은 교육의 힘이라 만들어진 거라네

2021. 1. 20

웃기는 이야기 1

이 아무개
법무차관 큰일 났네

택시기사
폭행해 놓고 경찰과

적당히
증거 없애 불기소 처분한 게

검찰수사로
들통이 났으니 벌레 씹는 맛

고위 공직자가
숨기려다 발각되어 더욱 통쾌

웃을 일 없는
요즘 하하하 웃는 맛 아주 즐거워

법 무시한 짓이
법무부 장관 차관 되는 요건이라도 되는 듯

2021. 1. 21

웃기는 이야기 2

싸가지
유 아무개의 사과

검찰이
재단과 자기 계좌 뒤졌다

거짓말
일 년 내내 주장하다가

수사에
들어가니 벌 받기 두려워

강아지
꼬리 내리는 꼴 통쾌해 하하하

다만 아쉽게도
존경하는 류성룡 대감이 떠오른다만

아니야 아닐 게야
류정승 핏줄이 어찌 중간에 사고가 있었으리

2021. 1. 23

조계사길 걷노라면

유난히
조계사길 사람 인연 깊어

일조각
만년 형님 사무실에 종친회까지

은퇴 후
정신없이 밀려드는 일가 어른들

그것도
잠깐 만년 형 돌아가시기 전 수년

이제는
연락이 끊기거나 이승을 떠나시니

거기다
삼덕 회계사 거목 신찬수 선배까지

만나는
희망의 거리가 쓸쓸한 추억의 거리로

차라리
소나무나 바윗덩어리와 연을 맺었다면

하지만
이별이 싫다 어찌 사람의 인연 소홀히 하랴

2021. 4. 18

할머니 우리 할머니

내가 태어날 때
할머니는 오십 고개 마루턱

농사일도
부엌일도 바느질도 안 하시고

자나 깨나
장죽 물고 술에 취해 계신 분

옛 얘기는
남양 바닷가 도깨비 귀신 놀음

어릴 때
갯벌에 나갔다가 목숨을 잃을 뻔

언제나
밥 안 먹었다고 영감님한테 응석

한마디로
꿈 펼치지 못한 동화 속 소녀인 듯한

아 그런데
족보를 보니 지봉 이수광 9대손이라니

수백 리 떨어진
화성 남양을 떠나 단 한 번도 친정엘 못 간

우리 할머니
얼마나 고향이 그리웠으면 술 담배 이해가 가네

2021. 5. 21

흘러간 레코드

입만 열면
흘러간 레코드

그것도
트로트나 웃음소리라면

매 맞는 소리
우는 소리 상여 나가는 소리

한두 번이면 몰라
틀고 또 틀고 축하하는 자리까지

아무리 쓰라린
과거를 안고 산다 해도 자기 몫일 뿐

추억의 가시 창살
하루빨리 잊고 밝아오는 내일을 맞이하라

정 잊지 못한다면
레코드는 내다 버리든 혼자 틀든 감추어야

내일의 태양이
떠올라 자기가 만드는 생지옥에서 벗어나리라

2021. 5. 25

파곡坡谷 할아버지

엄마 무릎 위에서
듣고 또 듣던 외갓집 할아버지

엄마는
파곡 할아버지 12대 손녀라는

파곡 할아버지
어떤 분이셨느냐는 질문을 하면

임진왜란 때
호조판서로 군량미 조달하신 분

어찌나 열심히
했으면 이여송 8만 대군에 2년간

부족함 없이
조달하느라 지쳐 길에서 순직한 충신

시호는 忠簡公
작호는 完昌府院君 세종5대손 李誠中

좀 늦은 감이 있지만
어렵게 교보문고에 부탁 坡谷遺稿集을 구해

읽다 보니 시공을 뛰어넘어
450년 전 할아버지와 대화를 하게 되었다네

2021. 6. 3

지봉로芝峯路의 설레임

66년 머무르시면서
어찌 그리도 많은 업적

임진왜란 정유재란
다 겪으시며 명나라 사신 세 차례

여러 관직 두루두루 맡아
이조판서까지 바쁜 업무 수행하며

다산 정약용과 달리
귀양 한 번 안 가시고 50여 권의 저서

참 열심히 사셨군요
특히 지봉유설은 세계백과사전 급이라니

성리학 일변도의 나라에서
실학의 중요성과 시대의 사명을 추구하신

선각자 할아버지의 뜻대로
현 우리나라는 실학의 선진국이 되었답니다

진외陳外 11대 할아버지시여
할아버지의 피를 헛되이 하지 않으려 힘쓰고 있답니다

올해 벌써 다섯 차례 지봉로
밟으며 목숨이 다하는 날까지 열심히 쓰겠다고 다짐합니다

2021. 6. 8

엄마 무릎 모르는 문제 노인

병도 아닌데
늘 아프다고 하는 노인

밥을 먹고도
늘 안 먹었다고 하는 노인

배우자고
자식이고 잡아매려 하는 노인

말이 거칠고
자기 잇속이 되는 행동만 하려는 노인

이런 노인 대부분
어려서 친엄마 무릎 위 사랑 교육 몰라

어쨌든
살아남으려는 잔꾀만 발달된 인간이라

내면엔
자비심도 없이 복수심만 가득 찬 문제 노인

평생 고치지 못해
자기와 주위를 괴롭히며 살아가는 인생 불쌍해

2021. 6. 20

사람이길 포기한 도우미

가사도우미
파출부도 엄연한 직업인인데

3년간 있으면서
절대로 내보내지 말아 달라더니

어느 날 외출했다
밤 11시 30분에 들어와 내일 나간다

이유는 단 하나
월급을 많이 준다는 데가 있어서란다

그만둘 경우
한 달 전에 말한다는 계약은 헌신짝처럼

우리 집 가게에
30년 가까이 있던 미니식당에 부탁한 파출부

오전 10시에 온다 해서
집 앞에 마중을 나갔는데 어디서 온 전화 받더니

자주 쓴다는 데 있다며
안면몰수 하고 되돌아 가버리다니 어찌 이럴 수가

인간 탈을 썼지만
언약은 안 보이고 돈만 보이는 인간이길 포기한 군
상들이여

2021. 7. 2

타고나신 어머니 운명복

어머니
운명복 타고나셨구나

전날 저녁
왕진 온 의사 밤 위기라 해

밤 꼬빡 새운
아들딸 시누이 내외 비롯 10여 명

지켜보는 가운데
가랑가랑 쉬시더니 미소 띤 얼굴로

조그만 단독
건넛방이라 가능하고 베푼 복 넉넉해

아직껏 보지 못해
앞으론 더욱 볼 수 없는 아름다운 그림

어머니 떠나신 세월
함께한 햇수보다 두 배나 돼 오는 아직도

제삿날 맞으면
엊그저께 일처럼 슬픔이 꾸역꾸역 다가오다니

가슴 쓸어내린다
자리 누워 만날 사람 다 만나고 복되게 떠나셨기에

2022. 4. 4

청주한씨 중의한씨 노숲한씨 못자리 터

500여 년 전
정선군수 韓承元 낙향

잡은 터
풍수의 대가 아니셨나

외진 산속
절이나 지을 법한 터에

덩그렁
기와집 한 채 짓더니만

손자 둘
줄줄이 문과 급제 정승판서

증손 韓百謙
실학의 비조 동국지리지 쓰고

증손 韓浚謙
오도도원수 유교칠신 서평부원군

현손녀 仁烈王后
핏줄 조선왕조 왕위 이어지고 이어져

정승판서
광해조부터 고종 순종 황제에 이르기까지

노론독재 세상에
1왕비 3정승 6판서를 배출한 유일한 남인 가문

이런 명당의
묏자리 터 하늘의 도움 없이 누군들 잡을 수 있으리오

2022. 3. 12

왕비 중의 왕비 인열왕후

왕비라고
다 같은 왕비인가

조선 왕조
40여 왕비 중 대부분

자기 혈육
단 한 분의 임금 없는데

마지막 27대
임금까지 이은 왕후는

태조비 신의왕후 한씨
태종비 원경왕후 민씨
세종비 소헌왕후 심씨
세조비 정희왕후 윤씨
성종비 정현왕후 윤씨
인조비 인열왕후 한씨

여섯 분뿐이라
어찌 왕비 중의 왕비가 아니리

하늘이 점지하셨네
개국공신 집안 훌륭한 아버지 한준겸

출가 전엔 효녀
평범한 왕손에 시집와 하루아침에 왕후라

이런 복덩이
조선조 500년을 통틀어 찾고 찾아도 없도다

2022. 2. 15

애석해라 서평부원군 한준겸

딸
덕에 부원군 한다지만

딸
때문에 영상의 길 막혔구나

오리
이원익 대감과 함께 당상관

정승 중의 정승
서애 유성룡 대감이 영상감이라 하던

유능한 분
어쩌다가 인조반정으로 국구 부원군이라

선조의 신임
남달라 영창대군 위한 유교칠신에 오르고

호조판서에
오도도원수까지 역임한 재상감이 사라졌네

따님 인열왕후
그늘에 가려 이름 좋은 영돈녕부사 자리 얻고

역사는 실적이라
자기 조상이나 자손이 아니라 자기가 이룬 업적

애석하여라
가문의 영광은 얻었으나 자신의 빛 잃고 말았구나

2021. 2. 10

문정공 모셔 온 병판 한경원

전주이씨
효령대군 자손 제일 번성

청주한씨
문정공 자손 가장 번족하니

두 분 모두
성현이라 추앙받던 인물이라

선업 공덕
헛되지 않음을 증명해 주는구나

문정공 둘째 집 노숲한씨
공의 14대손 한경원 병조판서 되어

상감과 담론 중
종손 부실해 문정공 불천지위 걱정하니

경이 받들라
명하여 문정공 제사 모셔오게 되었다네

애석하게도
6.25동란에 소실 되어 집터만 쓸쓸히 남은

노숲한씨
트레이드 마크격인 99칸 기와집도 병판 작품이라

2022. 2. 18

노숲한씨 마지막 정승 한계원

정승으로 시작
정승으로 마감한 노숲한씨

대대로
정승판서 집성촌이라 큰 소리

광해군
한효순 좌의정으로 쓰더니만

흥선대원군
한계원 우의정으로 발탁했으니

정사를 논한
운현궁 노숲한씨 꼭 들러 간다네

말 한마디
잘못하면 역적으로 몰리는 노론 세상

유일하게

살아남은 남인 가문 공덕 장하고 장하도다

2022. 2. 23

미리 본 노숲한씨 묫자리 터

만일
내가 손 놔 버리면

역사
뒤편으로 사라질 터

상전벽해
기왓장 조각 몇 개만 뒹구는

어언 자손
3만 명의 숫자 조약돌 깔고

간판스타
왕비 정승 판서 10명 자연석 세워

멀리서
무엇이 서 있나 와 보니 자손 번창일세

뭐니 뭐니 해도
가장 자랑스러운 건 얼마나 선량했으면

왜란 호란
잦은 내란 갖은 질병 넘어 번족 벌족 이루었네

이제 뽕나무밭
바다로 바뀌었으니 해외로 우주로 뻗쳐 나가리라

2022. 4. 2

제 5 부

철쭉아 너마저

道

좋은 주막 즐거운 길손

인생은
별거 아닌 길손

60년을 걸을지
100년을 걸을지 모르는

길손에겐
좋은 주막이 있어야 즐거워

목마르면 물
배고프면 밥을 먹어야 하고

날이 저물면
하루의 피로를 풀며 묵어야 하니

80이 넘게 걷다 보니
주막이란 다름 아닌 스쳐 가는 인간

부모 형제도
친구도 오다가다 만나 인사하는 사람도

너무 집착 말아야
만나면 헤어져야 하는 게 주막인 줄 알면

걷다 보면
앞길에도 이제보다 더 좋은 주막이 있을지 몰라

2020. 11. 18

나는 살아 숨 쉰다

나는 살아 숨 쉰다
고로 나는 존재한다

나는 살아 숨 쉰다
고로 나는 세상의 주인이다

나는 살아 숨 쉰다
고로 나는 우주의 중심이다

2021. 2. 12

금수저 흙수저

금수저야
금수저라 자랑 마라

자랑일랑
이승 하직할 때 해도 늦지 않으리

그대 앞엔
추락할 밧줄이 놓여 있음을 안다면

흙수저야
흙수저라 한탄 마라

한탄일랑
이승 하직할 때 해도 늦지 않으리

그대 앞엔
올라갈 사다리가 놓여 있음을 안다면

2021. 2. 17

나는 홀로 서는가

동물도
혼자 서는데

어찌
인간이 기대어 살리

더구나
100세 시대에는 더욱 절실

매일 매일
나는 홀로 서는가 한 번 이상 되뇌어라

어제도 오늘도 내일도
나는 홀로 섰고 홀로 서고 홀로 설 수 있을지

60대 70대까지
홀로 섰다 해도 80대에 못 선다면 헛산 인생

어려서부터 한두 끼 굶어도
난 시계 주머니 속 큰 비상금은 쓰지 않았다

다람쥐도
굴속에 밤 도토리를 저장 겨울 준비를 하는데

인간이 되어
생길 때 흥청망청 쓰다가 비상시에 손을 벌리려 하
는가

2021. 4. 9

일 년에 단 한 끼

돌아가신 부모
일 년에 단 한 끼

저승 생신날
제사 모시면 되는 걸

용돈을 달라시나
새옷을 사 달라시나
전화를 해 달라시나
여행을 시켜 달라시나

자식은
부모한테 수만 끼 얻어먹고

일 년에 단 한 끼
대접하기 싫어 갖은 술책 다 쓴다

부모한테 진 빚도
빚은 빚인데 저승까지 지고 갈려고

갚으시게 갚아
한 해도 거르지 말고 꼬박꼬박 지내

무거운 짐
훨훨 벗어버리면 휘적휘적 가벼운 저승길

2021. 5. 16

콩나물 DNA

내 피 속엔
콩나물 DNA가 흐르나 보다

어려서
콩나물국 콩나물밥 콩나물죽

먹고 먹고
또 먹었는데 물리지도 않았는지

어디 가서
콩나물국 나물이 나오면 반갑다

할아버지 할머니
콩나물죽 삼 년의 가난 탈피만은 아닐 듯

너무 연하지도
너무 질기지도 않으면서 주위와 잘 어울리며

배고픈 시절엔
양식 걱정을 덜어주고 다이어트 시대에도 적합한

그대의 품성
우리 인간도 닮았으면 하는 바람이 있었나 보다

먹을 게 지천인 세상
콩나물을 닮은 인생이 되고픈 꿈을 꾸다니 허참

2021. 5. 27

까먹으며 살 생각

아무리 배 고파도
일 년 농사지어 먹었지

논밭 팔아먹을 생각
꿈에도 안 하며 살아왔는데

어쩌다 임대빌딩 팔아
까먹으며 살 생각을 하다니

도저히 직성이
풀리지 않아 며칠 끙끙거렸지

생각생각 끝에 결론
마감액이 적자냐 흑자냐는 것

그래 맞아
내 일생 마감액은 아무래도 흑자

빈손으로 시작해 도움이나
진 빚 한 푼 없이 남긴 게 있으니

관입 전 손익계산서 흑자라
까먹고 산 인생은 아닌 게 확실해

탐욕을 버리련다 백 세 살 생각
하면서 어찌 죽기 전까지 재산 부풀기 바라리오

2021. 5. 31

삶은 현실이다

아무리
자식이 귀여워도

자식만 먹인다면

자식은 배 터져 죽고
부모는 배곯아 죽고 만다

아무리
꿈이 좋다 해도

무지개 잡겠다고

비누 거품만
먹어도 새처럼 날 수 없고

설령 날은다 해도
아름다운 무지개를 잡을 수 없어라

한평생
발을 땅에 붙이지 못한 삶 불쌍 불쌍해

2021. 6. 5

나만 나일 뿐

광활한
우주 속 나만 나일 뿐

홀로 태어나
마지막 가는 길도 혼자

엄밀히 말해
나 아닌 사람은 다 남이지

엄마라 아버지라
부르는 가까운 남이 있고

아내라 남편이라
부르는 한 몸 같은 남도 있으며

피도 안 섞이고
인연도 얽히지 않은 남이 대부분

부모자식
사이라도 서로 인격을 존중해야지

누가 누구의
소유물처럼 대한다면 안 될 말이야

꼭 지켜야 할 일은
서로서로 상대방에 빚지는 일은 없어야 한다

말하자면
자식은 부모한테 진 빚을 갚으려는 마음이 효도요

부모가 자식을 길러준 건
부모 은혜 갚기 위해 한 거니 받을 생각은 말아야
한다

2021. 6. 28

물장수 상床

전생에
물장수였나

아니면
수도승였나

먹고 난
상이 깨끗해야 하니

물장수 상
아니면 발우공양일 텐데

육식을
좋아하니 승려는 아닐 테고

뼈대가
튼튼해 기운 세니 물장수였나 보다

북청물장수
뼈 빠지게 벌어 자식 교육 잘 시켰다 하니

내야말로
열심히 일하고 자식 교육에 힘쓴 것 역시

닮은꼴이라
전생의 습관이 이승까지 내려온 듯하여라

2021. 7. 8

누가 뭐래도 시를 쓴다

누가 뭐래도
나는 시를 쓴다

장미만이 꽃이 아니고
이름 모를 들꽃도 꽃이기에

누가 뭐래도
나는 시를 써야 한다

시는 힐링이요 수명이요
친구요 걸어가는 발자취이기에

누가 뭐래도
나는 시를 쓰련다

때만 되면 내 시집을
기다리는 수백 명의 독자가 있기에

설령 먼 훗날
모든 팬이 사라진다 해도 시를 쓰리라

마지막 남은 나를 위해
생명이 다하는 순간까지 쓸 수 있길 바라며

2021. 7. 22

두려울 게 없는 나이

아무리
절망한들 인공 때만 하랴

아무리
밉다 한들 김일성만 하랴

아무리
가난한들 보릿고개만 하랴

아무리
춥다 한들 1.4후퇴 때만 하랴

아무리
슬픈들 어머니 여읠 때만 하랴

아무리
아프다 한들 패혈증 때만 하랴

아무리
무섭다 한들 저승 문턱만 하랴

2021. 12. 1

나 살아 있으매

나 살아 있으매
온 우주의 주인공임을 압니다

나 살아 있으매
하마마쓰 우나기를 맛나게 먹습니다

나 살아 있으매
수시로 찾아오는 편두통에 아픕니다

나 살아 있으매
먼저 간 분 흔적이 사라짐을 봅니다

나 살아 있으매
우산 들고 휘적휘적 산책을 즐깁니다

나 살아 있으매
목말라 하는 화초에 단물을 뿌려 줍니다

나 살아 있으매
기다리던 전화를 받아 즐겁게 떠듭니다

나 살아 있으매
아내와 함께 소파에 앉아 드라마를 봅니다

나 살아 있으매
흉악살인범 외삼촌인 대통령 후보 꼴도 봅니다

2021. 12. 10

꿈꾸는 프로부모 세상

프로부모 세상
꿈에 머물러 있지만

머지않아
싹이 터 꽃 피우리라

낳은 자식
부모가 올곧게 키운다면

캥거루나
범죄자 자식 만들지 않아

청년 실업
사회문제 없는 세상 이루리

시작은
미미하지만 100년 후엔 큰 열매

주렁주렁
열린 파라다이스 온 세상 덮으리라

2021. 12. 13

상서로운 흰 코끼리

상서로운
흰 코끼리의 탄생

잉태 기간
36개월이라 기대했지

아쉽게도
나왔는데 바로 가 버려

인류의 행복
진정 이룰 진리일진데

어찌
한 번 실패로 끝날 수 있으리오

이미
씨앗은 뿌려진 상태 제2 제3의 시도

반드시
이루어 이루어지리 상서로운 코끼리 탄생

※프로부모 세상의 꿈이 난산되고 나서
2022. 1. 24

굶주림마저도 그리워지는 나이

아무리
그리움이 많다 해도

굶주림
얼마나 괴로웠는데

물배에
키도 자라지 못한 쓰라림

그러나
죽기 살기로 공부하고 일해

오늘날
여기까지 있게 해 준 그대여

하루 두 끼만
먹어도 좀처럼 만날 수 없어

시도 때도
없이 찾아오더니만 발길 끊네

하루 한 번
아니면 이틀에 한 번만이라도

들러 준다면
맨발로 달려나가 맞으리 맞으리라

2022. 3. 5

슬픈 추억이 안내하는 봄

봄
즐거움이 아니라 서글픔이

봄
뿌듯함이 아니라 허전함이

봄
발랄함이 아니라 나른함이

어언
반세기도 훨씬 지난 일이라

마음은
안정을 되찾은 줄 알았는데

몸은
아직도 못 잊어 추억 속으로

부모 자식
인연 얼마나 끈끈하기에 이리도

어버이
제삿날 봄 한 달 안이니 망정이지

봄 가을
나뉘었으면 봄도 가을도 슬픈 계절 되었으리

2022. 3. 29

철쭉아 너마저

차가운
베란다 월동이라

은근히
얼어 죽을까 걱정했는데

살아 있어
고맙고 반갑다만 웬 꽃망울

내 마음
아직 봄맞이 준비 안 돼 있는데

철쭉아 너마저
나 제쳐 놓고 달음박질쳐 나가기냐

그렇지 않아도
말 소리 글 사상 풍습 어느 것 하나

지팡이 짚은 나
찔뚝찔뚝 좇아가기 힘들어 끙끙거리는데

이왕이면
더듬더듬 쉬엄쉬엄 나와 호흡을 맞출 일이지

2022. 3. 17

제 6 부

어느 나뭇등걸의 숨은 이야기

然

어느 나뭇등걸의 숨은 이야기

하마터면
큰일 날 뻔했구나

내
이사를 안 했다면

영영
너의 아름다움이 묻힐 뻔

당장이라도
날개 펴 하늘을 날을 천사

너의 삶
얼마나 치열했기에 그리도

주먹만 한
진주덩어리를 주렁주렁 달았나

아마도
배도 쫄쫄쫄 궂은일도 밥 먹듯

시한부 선언도
수없이 받고도 오뚝이처럼 섰겠구나

너는 너는
죽어서도 이런 아름다움 지닐 수 있으니

부러워라 부러워
너처럼 살아 빛나는 모습으로 가고 싶어라

2020. 11. 12

마지막 낙엽

차디찬
아스팔트 위 홀로 누운

마지막 낙엽
형제도 친구도 다 떠난

동생들
떠나 보내느라 늦었나

엄마 손
놓기가 두려워 그랬나

너를
버라보는 마음 쓸쓸해

불러
주련다 이름을 바꾸어

마지막이
아닌 귀여운 막둥이라

2020. 12. 6

첫눈이 내리던 날

사각사각
귀를 쫑긋쫑긋

역시
사각사각 사각사각

얼마 만이야
눈 밟히는 경쾌한 소리

솔지도 않은
갓 내린 함박눈이 내리다니

갸우뚱갸우뚱
생각에 잠기어 발길 멈추고

아하 아하
내 귀가 젊어진 걸 잊고서리

2020. 12. 16

눈 아지랑이

발아랜 하얀 겨울 밟히고
머리엔 뽀얀 봄 아지랑이

2021. 1. 30

소나무 가지

침실 향해 다가온 소나무 가지
정화수 떠 놓은 엄마 기도 소리

2021. 1. 31

추워서 신나는 일

공평빌딩 앞길 금호그룹 박○○ 회장 죽여라
탑골공원 담길 불신 지옥 할렐루야 간 곳 없어

2021. 2. 2

하루 사계절

개나리
진달래 피는 요즘

옷 입기가
아주 신경 쓰인다

젊어선
겨울에 홑바지 입고도

여름에
솜바지 입고도 견딜 수 있지만

늙어지니
하루 사계절에 맞는 옷이 없다

서너 시간
일찍부터 산책하노라면 춥다 덥다

봄
여름 가을 겨울을 다 겪는 기분이라

오늘도
한 살을 더 먹었구나 하는 뚱딴지 생각

이러다간
三千甲子 東方朔이처럼 천년만년 사는가 싶다

2021. 3. 24

화사한 벚꽃을 바라보며

참
아름다운 벚꽃

곧
바람에 날리리라

허나
無가 아닌 有로 남건만

꽃
아래 활짝 핀 청춘 남녀

그대
열매 맺기를 거부한다면

무슨

염치로 버찌 열리는 꽃을 보려는가

2021. 5. 29

수선스런 봄

아침 밥상
씀바귀 머위 쌉쌀한 봄

출근길
개나리 진달래 화사한 벚꽃

月이 악취
씻어내려는 듯 라일락 향기

뻐꾹 뻐꾹
감미로운 먼 산 뻐꾸기 소리

가정식백반
입맛 돋우는 냉이국 비듬나물

아침나절이라선가
코로나 뒤룩이는 눈에 띄지 않고

빼빼다리

뽐내는 젊은 아가씨들 거리를 메우네

2021. 4. 2

보슬 봄비 내리는 날

봄비
보슬보슬 내린다

내가
10년만 젊었어도

모자에
바바리만 걸치고

휘적휘적
걸었으련만 나이가

머리만
가릴 작은 우산을

아무래도
큰 건 예의가 아닌 듯

부싯돌
살짝 그어도 확 불붙을

바싹 마른 서민 마음
적셔 주는 고마운 봄빈데

우린 언제
이스라엘처럼 마스크 벗으려나

2021. 5. 1

폭설도 못 말린 성묘

그믐밤부터
펑펑 내린 눈 쌓여

성큼 엄두
나지 않아 망설이다가

무조건 출발
가는 데까지 가 보는 거야

가다가다 보니
가루개 마을회관에 도착한 게지

보기 드문
설날 폭설도 우리의 성묘 못 말려

돌아오는 길
늘 들르는 강천매운탕 집 쏘가리탕에

코로나19로
설에도 휴가 나오지 못한 손자 만나 보러

비록 50M 먼발치지만
두 손 뻔쩍 들어 병윤이 파이팅 외쳐 댄 뜻깊은 날

2022. 2. 2

제 7 부

여행 가방인지 왕진 가방인지

紀

추억의 맛 하마마쓰 우나기

문득문득
하마마쓰 우나기長魚 그리워

언제 한 번
일본 浜松에 가고 싶었는데

둘째 딸 지영이
어버이날 보내준 양념 장어

바로 그 맛
60년대 촌놈 해외연수 가 먹었던

해외 고향 하면
나에게는 후지산 옆 하마마쓰이고

하마마쓰 하면
가장 먼저 떠오르는 게 우나기 맛

더 늙기 전
친구도 만날 겸 추억도 되살릴 겸

꿈꾸어 본다
浜松 大阪 和歌山 東京을 달려 보는

2021. 5. 8

여행 가방인지 왕진 가방인지

이게
얼마 만의 여행인가

오랜만에
여행 가방 챙기다 보니

웬 약
그리도 많은지 10년 후면

더 큰
가방 사야 하는 게 아닐지

젊어서야
갈아입을 옷만 챙겨 떠났는데

나이 먹다 보니
가방 속이 움직이는 약방 같구나

아무려면 어떠리
한밤중에 이리 뛰고 저리 뛸 수야 없지

닥치고 나서
아차 깜빡이야 한다면 얼마나 한심할까

발병할 병 예상해
하나하나 빠짐없이 준비하는 내가 대견해

2021. 6. 14

부산 회 맛집

코로나로
벼르고 별러 찾아간

부산 회 맛집
집도 주인도 예전 그대로인데

맛은
회 신선도일까 옛맛이 아니네

만의 하나
내 입맛이 변한 거라면 아니야 아니지

아직도
십수 년 먹으러 찾아와야 하는데 벌써

믿고 믿으련다
손님이 적어 좀 오래된 걸 내놔 그렇다고

그러나 어쩌나
맛 떨어진 회가 체중은 더 올리는가 보다

돼지띠도 아닌
호랑이띠인데 웬 살이 그리도 찌는지 걱정

2021. 6. 19

행복이 불어오는 곳

비가
촉촉이 내리는 날이면

문득문득
1968년 하마마쓰 추억

아주아주
안락한 행복감을 주는 곳

말도 안 돼
내 가장 행복한 시기라니

재산은 달랑 1.2억짜리
단독주택 하나에 저금통장 제로

가족은 홀어머니
신혼 2년 차 아내에 백일짜리 아들 하나

회사 직위는 주임
돈도 명예도 꿈도 적던 평범한 공돌이였는데

다만 하나 기술연수 중이라
매일매일 일과의 전투를 멈춘 시기란 점이 특이

진짜 행복이란 멀리 있지 않고
나물 먹고 물 마시고 팔을 베고 누워 있는 곳에 있
나 보다

2021. 6. 24

中里 한두현(韓斗鉉) 시인

■ 약력

- 1938년 서울 상왕십리 출생.
  부친 별세로 고향인 강원 원주 부론 노숲 성장(돌 때부터)
- 초등학교 6학년 때 6.25발발 2년간 농업에 종사하느라 진학이 늦어짐
- 중학 3학년 때 학생회장으로 정의심 발동으로 전교생을 7일간 동맹휴학으로 이끌어 목적을 달성하였으나, 장기정학처분 및 수석졸업에 品行可를 받음
- 국립교통고등학교(국비) 졸업. 서울대학교 공과대학 졸업
- 35년간 섬유업계 종사, 상장회사 대표이사 사장 역임 후 자진 은퇴, 제3인생 시작
- 국가발전기여공로 석탑산업훈장 수훈
- 기술사, 발명가, 글지이, 조각가
- 문예사조 시 신인상 당선 문단 데뷔
- 문예사조문인협회 회원, 서울시낭송클럽 상임위원
- 한국문인협회 회원, 국제펜 한국본부 회원

■ 수상 (詩부문)

- 문예사조문학상 본상 수상
- 한국자유시인상 대상 수상
- 未堂徐廷柱시회상 수상
- 한국문학비평가협회 문학상 수상

시집

- 인연(제1시집)
- 인왕산(제2시집)
- 서원의 길(제3시집)
- 마중물(제4시집)
- 몽당연필(제5시집)
- 징검다리(제6시집)
- 태풍아(제7시집)
- 어느 여의사(제8시집)
- 몰록(제9시집)
- 호모사피엔스(제10시집)
- 한두현 詩전집 1 · 2
- 말문이 열린 江(01시집)
- 촛불의 푸념(02시집)
- 항해하는 지성인(03시집)
- 프로부모(04시집)
- 비우는 즐거움(05시집)
- 틈새의 美(06시집)
- 설레임(07시집)
- 쪼꼬만 행복 100(08시집)

저서

- 자식을 부모의 팬으로 만들어라
  〈자녀교육해법 124장〉 나남출판
- 자식에게 무엇을 가르쳐 세상에 내보낼 것인가
  〈뿌리교육해법 124장〉 나남출판
- 자식을 우리의 옛 이야기로 길러라 1, 2
  〈이야기 인성교육 620마당〉 나남출판
- 자식교육 이제는 프로부모의 시대다
  〈전문부모의 길 74장〉 나남출판

한두현 제09시집

쇠똥구리 人生

초판 인쇄 2023년 2월 7 일
초판 발행 2023년 2월 12일

지은이 | 한두현
펴낸이 | 김효열
편 집 | 이미정

펴낸곳 | **을지출판공사**

등록번호 | 1985 년 2 월 14 일 제 2-741 호
주 소 | 서울시 마포구 양화진길 41, 603호
우편번호 | 04083
대표전화 | 02) 334-4050
팩시밀리 | 02) 334-4010
전자우편 | ejp4050@hanmail.net

값 18,000원

ISBN 978-89-7566-225-6 03810